楽しい調べ学習シリーズ

よくわかる警察

しくみは？ どんな仕事をしているの？

[監修] 倉科孝靖

もくじ

この本の使い方 ……………………………………………………… 4

第1章 警察って何だ？

警察はいつからあるの？ …………………………………………… 6
警察のしくみ ………………………………………………………… 8
探検！ぼくらの町の警察署 ………………………………………… 10
110番のしくみ ……………………………………………………… 12
世界に広がるKOBAN ……………………………………………… 14

第2章 警察の仕事大捜査

地域の安全を守る …………………………………………………… 18
事件を捜査して犯人を逮捕する …………………………………… 20
どんなに小さな痕跡も見逃さない！ ……………………………… 22
科学の力で真相究明 ………………………………………………… 24
くらしと交通の安全を守る ………………………………………… 26
要人やイベントの安全を守る ……………………………………… 28
テロ・ゲリラ組織から人々を守る ………………………………… 30
災害から人々を救う ………………………………………………… 32
警察官の服装徹底捜査 ……………………………………………… 34
警察の乗り物大捜査 ………………………………………………… 38
ぼくらも警察の一員！ 警察犬 …………………………………… 44
なりたい！ 警察官 ………………………………………………… 46

第3章 いろいろな犯罪と防犯
こんなとき、どうする!?

- 家にどろぼうが入った!! ……………………………… 50
- 友だちに「万引きしよう」とさそわれたら ……………… 51
- クラスでいじめられている友だちがいる ……………… 52
- インターネットに友だちの悪口を書く ………………… 53
- 大人のようにお酒を飲みたい、たばこをすってみたい … 54
- オレオレ詐欺って何？ ………………………………… 55
- おそろしい薬物 ………………………………………… 56

- さくいん ………………………………………………… 59

もっと知りたい！追跡捜査ファイル

No.1	遠山の金さん	7
No.2	検察官って何？	9
No.3	ドラマでよく聞くキャリア組って？	11
No.4	1月10日は110番の日	13
No.5	グローバルな警察、インターポール	15
No.6	パトカーはなぜ白黒なの？	16
No.7	交番と駐在所のちがい	19
No.8	なぜ刑事を「デカ」とよぶの？	21
No.9	「ガサ」ってどういう意味？	23
No.10	取り調べのカツ丼は本当？	25
No.11	自動車は左側、人は右側通行なのはなぜ？	27
No.12	警察のシンボル「旭日章」の意味	29
No.13	警察官はかさをさしてはいけない？	31
No.14	「パンダ」って警察用語なの？	33
No.15	鉄道警察隊	35
No.16	あずき色の赤バイ	37
No.17	白バイが白い理由	39
No.18	警察にはなぜ隠語が多いの？	41
No.19	パトカーや白バイのランプが赤いのはなぜ？	43
No.20	引退後の警察犬	45
No.21	「日本警察の父」川路利良	47
No.22	音楽を通じた心のふれあい	48
No.23	脱法ハーブ	57
No.24	警察官の格好をして町を歩くと逮捕される？	58

この本の使い方

第1章 警察って何だ？

みなさんは、警察や警察官について、どれくらい知っていますか？ たとえば、警察がいつからあるのか、110番通報をしてから警察官が現場にかけつけるまで、どのようなしくみになっているのかなどについて知っていますか。この章では、警察の基本的な内容について説明します。

第2章 警察の仕事大捜査

警察の仕事というと、交番勤務のおまわりさんや、テレビドラマの刑事さんのように、かっこよく犯人を逮捕する様子などを想像するかもしれませんが、警察の仕事はもちろんそれだけではありません。みなさんが思っている以上に、警察にはたくさんの仕事があります。この章では警察のさまざまな仕事について、くわしく紹介します。

第3章 こんなとき、どうする!? いろいろな犯罪と防犯

インターネットに自分の悪口を書きこまれたり、友だちから万引きにさそわれたらどうしますか。みなさんの周りには、残念ながら、至るところにさまざまな犯罪がひそんでいます。この章では、犯罪に巻きこまれそうになったとき、どうすればよいかについてくわしく説明します。

こうやって調べよう

もくじを使おう
知りたいことや興味があることを、もくじから探してみましょう。

さくいんを使おう
知りたいことや調べたいことがあるときは、さくいんを見れば、それが何ページにのっているかがわかります。

第1章

警察って何だ？

警察はいつからあるの？

江戸時代の町奉行

今からおよそ1200年前の平安時代に、今の警察にあたる役割をもつ検非違使という役職がもうけられました。検非違使は、罪を犯した人をつかまえるほか、裁判や刑罰をあたえる仕事もしていました。その後も、名前はちがっても警察にあたるものがつくられてきました。江戸時代には、そうした役割を町奉行がになっていました。江戸の警察や消防、裁判、行政を取りしきる町奉行のトップは、今でいう警視総監や東京都知事、東京地方裁判所長を兼務しており、与力や同心という配下の者を使って、江戸の町で起こったさまざまな事件を解決していたのです。このように、むかしから警察にあたるものがつくられたのは、社会の治安維持のために、警察が必要だったからです。

同心
与力のもとに置かれた下級の役人で、岡っ引きを使って犯罪捜査などにあたりました。

与力
警察の中心として町奉行を助け、配下の同心を指揮して江戸の町の治安維持にあたりました。

岡っ引き
武士である与力や同心とちがい、町人という身分で犯人の捜査や捕り物を手伝いました。

警察ことはじめ

明治7（1874）年、ヨーロッパのしくみを取り入れ、日本の警察の基礎がつくられました。そのために大きな役割を果たしたのが、「日本警察の父」とよばれる川路利良（→47ページ）です。川路は、明治5（1872）年9月から1年間かけてヨーロッパの国々を訪問し、警察制度の調査をしました。その結果、日本の警察制度がおくれていることを痛感し、帰国後、警察制度に対する意見書を政府に出しました。その意見が聞き入れられ、東京に警視庁が創設されることになったのです。そのとき、川路は初代の大警視（今の警視総監）に就任しました。なお、当時の警察官はら卒といわれ、剣を携帯して東京の治安維持にあたりました。その後、第二次世界大戦後の昭和29（1954）年に新警察法ができ、現在の警察のしくみが生まれました。

ら卒
明治はじめのころ、ら卒とよばれる警察官が屯所（今の警察署）を中心に町のパトロールを行っていました。

もっと知りたい！追跡捜査ファイル No.1

遠山の金さん

江戸の町には、北町奉行と南町奉行の2つがあり、1か月交替で仕事をしていました。北町奉行として有名な「遠山の金さん」は、時代劇では遊び人になりすましていますが、町奉行は激務のため、大忙しだったにちがいありません。

警察のしくみ

警察庁と都道府県警察

警察とは、わたしたちの生命や身体、財産を保護し、町の安全や秩序を守ってくれる組織です。日本の警察は、都道府県警察と警察庁の二本立ての組織になっています。都道府県警察には、警察本部（東京都は警視庁）のほか、警察署が置かれており、その下にわたしたちにとっては身近な交番や駐在所があります。一方、警察庁はこれら都道府県警察の指揮や監督を行います。警察庁が国の組織であるのに対し、都道府県警察は地方の組織です。そのため、警察庁に勤める警察官は国家公務員ですが、都道府県警察の警察官は地方公務員というちがいもあります。警察官の数も、警察庁は2000人程度ですが、都道府県警察の警察官は26万人近くいます。

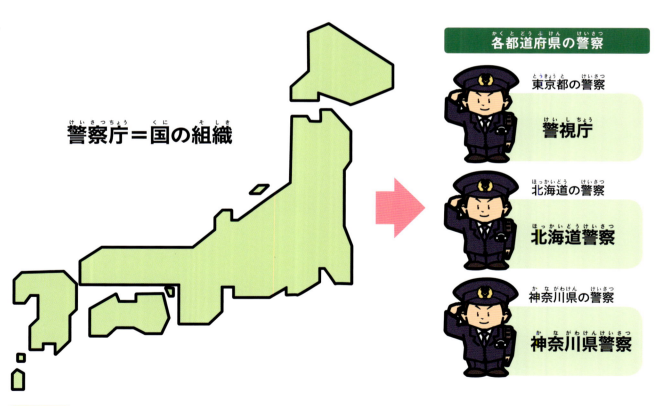

警察庁
国家公安委員会のもとに置かれる警察の最高機関。国全体に関わる事態への対応や国際捜査への協力などを行います。また、警察庁長官は内閣総理大臣によって任命されます。

都道府県警察
各都道府県に公安委員会が置かれ、都道府県警察を管理しています。また、道府県警察本部には道府県警察本部長、東京都の警視庁には警視総監が置かれ、全体を統括しています。

警察の階級制度

日本の警察には、巡査から順に巡査部長、警部補、警部、警視、警視正、警視長、警視監、警視総監という9つの階級があります。これらの階級は警察法という法律で取り決められています。なお、警視総監は警視庁にだけ置かれ、階級を表すとともに役職の名前を表しています。また、巡査と巡査部長の間に、巡査長とよばれるベテランの警察官がいますが、じつは警察法に定められた正式な階級ではありません。警察官は、昇進試験に合格することで階級がひとつずつ上がるというしくみです。さらに、階級によって就くことができる役職も異なっており、たとえば大きな警察署の署長には警視正以上でないとなれません。

階級（階級章）と役職

巡査 警察署の係員

「こち亀」の両津勘吉は、巡査としての経験が長いため、巡査長

巡査部長 警察署の主任

警部補 警察署の係長、警察本部の主任

警部 警察署の課長、警察本部の課長補佐

「ルパン三世」シリーズの銭形幸一は、ルパンの逮捕を念願とする警視庁の警部

警視 警察署の署長、警察本部の課長

警視正 大規模な警察署の署長、警察本部の部長

警視長 県警本部長、管区警察局長

「名探偵コナン」の小田切敏郎は、警視庁の刑事部長で、階級は警視長

警視監 道府県警察本部長

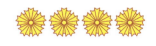
警視総監 警視庁のトップ

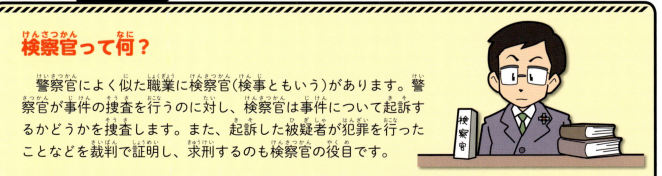

もっと知りたい！追跡捜査ファイルNo.2

検察官って何？

警察官によく似た職業に検察官（検事ともいう）があります。警察官が事件の捜査を行うのに対し、検察官は事件について起訴するかどうかを捜査します。また、起訴した被疑者が犯罪を行ったことなどを裁判で証明し、求刑するのも検察官の役目です。

探検！ぼくらの町の警察署

警察署の中はどうなっている？

警察署では、犯人をつかまえる刑事や交通整理をするおまわりさん（→18ページ）など、たくさんの警察官が働いています。たいていの警察署の1階には、市役所などのように総合受付があり、どこに行けばよいかを教えてくれます。そして、ひとつの警察署の中には刑事課や交通課、地域課などたくさんの課があり、それぞれが分担して警察の仕事をしています。道路の使用許可や、自動車を買うときに必要な車庫証明など、わたしたちの生活に密接した交通全体に関するさまざまな問題の窓口となっている交通課、落とし物を受け取る窓口である会計課などは、わたしたちにとっても身近な部門でしょう。このような各課の警察官が使用する部屋のほかにも、犯罪などの疑いのある人（容疑者）を取り調べる部屋、警察官が武道の練習を行う道場などがあります。

食堂
警察官が休憩したり、食事したりします。一般の人が利用できるところもあります。

会議室
打ち合わせや会議のために使われる会議室（大・中・小）がもうけられています。

各課
刑事課、地域課、会計課、警務課、生活安全課、警備課、交通課などがあります。

第1章 警察って何だ？

もっと知りたい！追跡捜査ファイル No.3

ドラマでよく聞くキャリア組って？

難関の国家公務員試験に合格し、警察庁に採用された人のことをいいます。一般の警察官とはちがって警部補からスタートし、全国の都道府県警での見習い勤務を終えたのち、警察庁にもどって日本の警察行政をにないます。

署長室
警察署の責任者である署長の部屋です。警察官がしっかりと仕事をしているかどうか見ています。

取り調べ室
容疑者を取り調べたり、事件の目撃者から話を聞いたりします。

留置場
殺人やどろぼうなどの罪で逮捕された人を一時的にとどめておく部屋です。

道場
警察官が剣道や柔道の鍛錬をする場所で、少年剣道教室などを開いている警察署もあります。

110番のしくみ

事件、事故を見かけたらまずは110番

どろぼうや交通事故、事件を見たときは、何をすればよいでしょう。まず最初にやるべきことは110番通報をすることです。110番は、こうした事件・事故を警察に知らせる電話番号のことです。110番通報をすると、警察本部（東京都は警視庁）の通信指令センター（通信指令課の受理台）につながります。通報者の話を聞いてから、無線でただちに指令を出して近くのパトカーやおまわりさんが現場にかけつける手配をします。110番通報を受けてからおまわりさんが現場に着くまでの時間の全国平均はなんと5分40秒前後。できるだけ早く現場に着くことが事件や事故の早期解決につながるため、なるべく早く110番することが大切なのです。しかし、問い合わせや相談などのように緊急ではない用件で110番してはいけません。

事件・事故発生

110番
事件や事故を見かけたら、あわてず落ち着いて電話をしましょう。

110番通報したときに聞かれること

① 事件ですか、事故ですか？
けんかですか？　どろぼうですか？
何が起きたのか、見たままを話してください。

② いつ、どこで？
何時ごろですか？　場所はどこですか？
目印になるものはありますか？

③ 犯人はいますか？
男ですか？　女ですか？　何人ですか？
身長は？　にげた方向は？

④ どんな様子ですか？
けがをした人はいますか？
とられたものはありますか？
現場の様子を教えてください。

⑤ あなたの名前、住所は？
名前、住所、電話番号、
事件・事故との関係を教えてください。

第1章 警察って何だ？

通信指令センター

▶110番通報は、通信指令センターで受けます。平成26（2014）年には1年間に全国でおよそ935万件の通報がありました。

最寄りの警察署、交番、パトカーなどに指令

現場へ

通信指令センターから交番などに無線で連絡され、事件や事故が起こった場所に警察官がかけつけます。

もっと知りたい！追跡捜査ファイル No.4

1月10日は110番の日

いたずらなどで110番通報するケースが増えています。そこで、110番のしくみや適切な使い方を知ってもらうため、警察庁が110番の日を定めました。その日、各都道府県警察ではさまざまなイベントを開催しています。

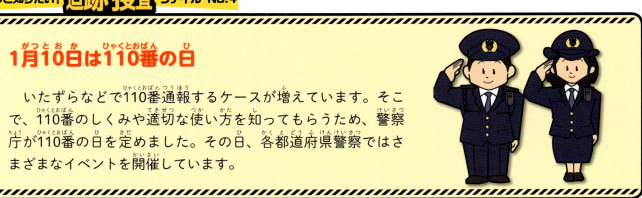

世界に広がる KOBAN

日本の交番システムを世界の国が取り入れる

　交番ということばには、「警察官が交替で立番をするところ」という意味があります。交番に勤務する警察官は、24時間体制で地域をパトロールし、町の治安を守っています。このように交番を中心に警察官が事件・事故への対応をするシステムが世界的にも注目されています。交番には地域の安全・安心の拠り所となり、犯罪を未然に防ぐ効果があるためで、世界には、日本の交番システムを取り入れている国も見られます。

　ブラジルのサンパウロ州の警察は、深刻な治安問題に取り組むため、1997年に交番をベースにした地域警察制度を導入しました。これまで地域住民とのコミュニケーションはほとんどなかったのですが、導入後は警察官と住民のコミュニケーションが増え、よい結果が生まれたという州警察幹部の声も聞かれています。ブラジルのこの取り組みは、日本の警察とJICA（国際協力機構）の支援を受けて、ほかの州にも広がっています。インドネシアやシンガポールなどのアジア諸国なども交番システムを導入しています。

インドネシアの交番

ブラジルの交番

もっと知りたい！追跡捜査ファイル No.5

第1章 警察って何だ？

グローバルな警察、インターポール

犯人が外国ににげることもあり、また、国際的な事件も増えてきています。そこで、世界中の警察が協力して、犯罪を防止したり、犯人をつかまえたりするため、国際刑事警察機構（インターポール）という組織がつくられています。

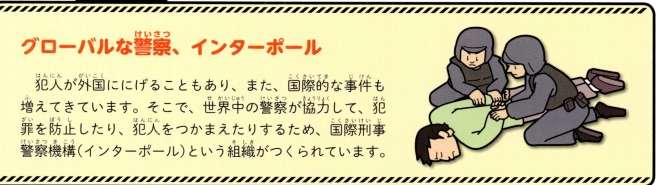

世界の警察

イギリス

18世紀に生まれた市民警察が前身です。制服警察官は、犯人に刺激をあたえないよう警棒しか持っていません。

アメリカ

FBIやニューヨーク市警察など、アメリカでは、連邦や州、郡、市、町、村に、それぞれ独自の警察組織があります。

中国

公安部という日本の警察に相当する組織があり、人民警察と準軍事組織の人民武装警察部隊に大別されます。

パトカーはなぜ白黒なの？

　パトカーとは、パトロール・カーを短くした言い方で、犯罪や事故の未然防止、110番通報時に現場へすばやく到着するためなどに使われている乗り物です。日本でパトカーが生まれたのは、昭和25（1950）年にアメリカ軍からゆずり受けたのがはじまりだといわれています。それから広まったパトカー（当時は移動警察車とよばれた）は、最初は白1色でした。ところが、当時は未舗装の道路が多かったため、車体が泥や土でよごれることがよくありました。そこで、黒色だった当時のアメリカのパトカーを参考にして、白色のボディの下半分を黒に塗装し、白と黒の2色にしたわけです。昭和30（1955）年には日本全国で白黒2色に統一されました。

▲パトカー

第2章

警察の仕事大捜査

地域の安全を守る

おまわりさんの仕事

　警察官のことを「おまわりさん」ということがあります。巡回（パトロール）することから、そうよばれるようになりました。交番に勤務するおまわりさんは、地域住民のくらしの安全を守る仕事をしており、警察署では地域課という部署に所属しています。交番では、何人かのおまわりさんが交替して、24時間、休む暇もないぐらいの忙しい1日を送っています。具体的には、担当している町（管内）をパトロールしたり、巡回連絡（管内の家庭や事務所などを訪問する活動）をしたりして、事件や事故を未然に防ぐよう活動しています。いったん事件が発生した場合は、ただちに現場にかけつけて犯罪捜査にあたります。そのほか、道案内をしたり、落とし物の届け出を受け付けたりすることや、迷子やよっぱらいの保護なども、交番のおまわりさんの大切な役目です。

交番
▲地域住民の身近な場所にあり、おまわりさんの活動の拠点となっています。

▶犯罪が起こることの多い場所や時間帯を重点的にパトロールします。

道案内
◀大きな都市の交番では、1日3000件もの道案内をすることもあります。

パトロール

第2章 警察の仕事大捜査

おまわりさんの1日

8:00 交通整理
子どもたちの安全を守るため、交通整理を行います。

（交替）

11:00 商店街パトロール
地域住民を犯罪から守るためにパトロールをします。

13:00 交番で事務処理
交番では事務処理や落とし物の受付などを行います。

15:00 家巡回
家庭を訪問して、必要なことを聞いたり教えたりします。

19:00 交番で見張り
夜になって不審者や困っている人がいないか見張りをします。

23:00 夜、繁華街パトロール
夜間に増える犯罪を未然に防ぐため、パトロールをします。

3:00 深夜のパトロール
深夜、どろぼうなどを見つけるため、パトロールをします。

もっと知りたい！追跡捜査ファイル No.7

交番と駐在所のちがい

交番は主に市街地に置かれ、おまわりさんが交替で詰めて警戒活動をする場所です。これに対し、駐在所は原則として一人のおまわりさんが家族とともに居住し、地域の安全を守る拠点となっています。

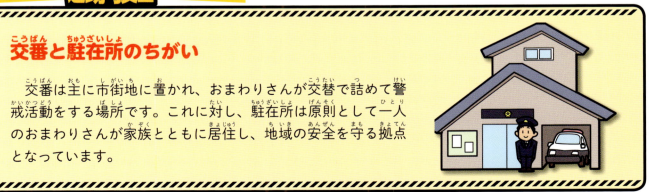

事件を捜査して犯人を逮捕する

刑事の仕事

　刑事が大活躍するテレビドラマを見たことのある人も多いでしょう。ドラマの中の刑事と本物の刑事の仕事はだいたい同じですが、本物の刑事はむやみにけん銃を撃ったり、犯人となぐりあったりはしません。刑事は、警察署では刑事課に所属し、盗難や殺人などの事件を調べて、犯人をつかまえたり、暴力団の取り締まりをしたりするのが役目です。事件が発生すると、刑事が捜査を開始して、犯罪現場を観察して犯人の手がかりを見つけたり、犯人を見た目撃者を探して様子を聞いたりします。また、犯人と思われる人（容疑者）を尾行したり、犯人が犯罪を行うと思われる場所を張りこんだりすることもあります。容疑が固まったら、犯人と思われる人をつかまえ、警察署で取り調べをして、事件の解決を図ります。

聞きこみ

◀犯人の手がかりを得るため、さまざまな人に話を聞く聞きこみ捜査を行います。

銃押収

▶けん銃を使った犯罪が起こらないように、けん銃を差し押さえて取り上げます。

第2章 警察の仕事大捜査

刑事が担当する事件の種類

　刑事が捜査する犯罪には、殺人や強盗、傷害、ひったくり、詐欺など、さまざまな種類があります。事件の種類によって担当する係も分かれており、だいたいどの警察署にも、強行犯係、盗犯係、知能犯係、暴力団対策係の4つの係がもうけられています。このように係が分かれているのは、同じ刑事が似たような事件をあつかうほうが、刑事の勘が働き犯人を見つけやすくなるためです。なお、事件現場から犯人検挙の手がかりを探す鑑識の人たちも刑事課などに所属しています。また、刑事はほかの警察官のように制服を着て仕事をすることはありません。その理由は、犯人側に警察官ということが知られると、にげられたり、証拠をかくされたりするおそれがあるためです。

強行犯係

殺人や強盗、傷害、放火などの凶悪な事件を担当します。

知能犯係

いろいろな詐欺や横領、選挙違反などの犯人をつかまえます。

盗犯係

どろぼうやひったくり、車上ねらいなどの窃盗犯を担当します。

暴力団対策係

暴力団に関する情報を集めたり、総会屋の取り締まりをしたりします。

もっと知りたい！追跡捜査ファイル No.8

なぜ刑事を「デカ」とよぶの？

　はっきりとはわかっていませんが、明治時代の刑事が着ていた「角袖」という着物に関係しているといわれています。その「角袖」の最初と最後の2文字「カデ」をひっくり返して「デカ」という言葉ができたそうです。

どんなに小さな痕跡も見逃さない!

鑑識の仕事

　鑑識は、犯人が現場に残したものや犯罪に使われた凶器などを見つけて、そこで何があったのかを調べるのが仕事です。科学的知識や高度な技術を用いて、犯人の発見や犯罪の証明につなげる大切な役割をになっています。具体的には、現場で写真を撮影したり、指紋や血液、毛髪、足跡、DNAなど、事件の痕跡となるものを採取したりします。これらを分析して、今までにつかまった犯人のものとくらべ、犯人を割り出すわけです。肉眼で見ることができないようなごく小さなものでも、電子顕微鏡などを使って分析することで、犯人の手がかりを見つけ出します。したがって、どろぼうに入られた場合、室内を歩き回ったり、現場の物にさわったりすると、犯人の足跡や指紋がなくなることもあるので注意が必要です。

◀夜間でも投光車を使い、手がかりが残っていないか目を皿のようにして探します。

▲手すりなどに指紋が残っていないか確かめるのも重要な鑑識作業のひとつです。

▲タイヤの痕跡や防犯カメラの映像などを調べ、犯人が使った車の種類を特定します。

ひきにげ事件を鑑識捜査で解決

　ひきにげ事件が発生すると、鑑識も刑事などとともに現場に急行します。そして、車のタイヤ痕や塗膜片など、にげた車の手がかりとなるものがないかを調べます。現場では転写シートというものを用いてタイヤ痕を採取したり、掃除機をかけて塗膜片を集めたり、いろいろな方法が使われます。さらに、コンピュータを使って、見つけた小さな痕跡と車に関する膨大なデータとを照合したり、分析したりします。そうして車のメーカーや種類、色などを特定してにげた車を突き止め、刑事がひきにげ犯人をつかまえます。

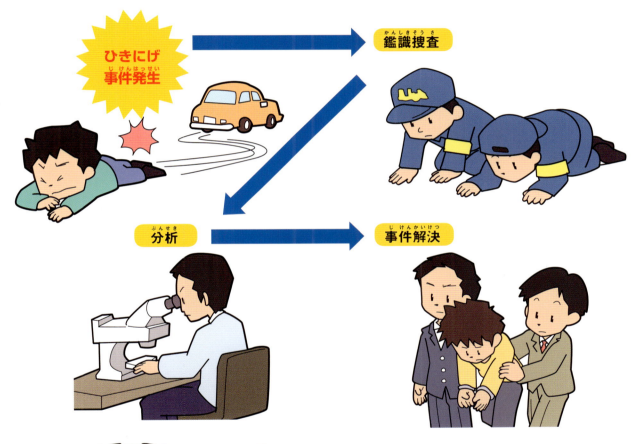

もっと知りたい！追跡捜査ファイル No.9

「ガサ」ってどういう意味？

　犯人の割り出しや事件解決のための証拠を見つけるため、警察官が住居などに立ち入って調べることを警察用語で「ガサ入れ」や「ガサ」などといいます。これは、探すの「さが」をひっくり返してできた言葉です。

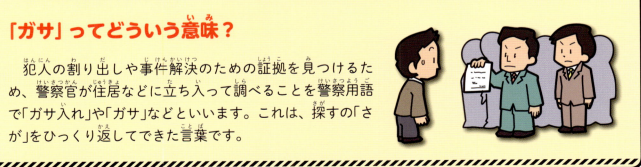

科学の力で真相究明

科学捜査研究所の仕事

　全国の都道府県警察には、それぞれ科学捜査研究所がもうけられています。そこには最新の科学的知識と技術をもった専門家がいて、犯人を特定したり、事故原因を明らかにしたりするための活動を行っています。法医科、化学科、物理（工学）科、文書科、心理科の5つの部門があり、さまざまな装置を使って、DNA型をはじめとして、薬物、毒物、筆跡などの分析や鑑定、ポリグラフ（うそ発見器）検査などを行います。科学捜査研究所の職員は、じつは警察官ではないため、事件や事故の捜査はできません。あくまで捜査の手伝いをするのが役目なのです。なお、警察庁には科学警察研究所があり、科学捜査についての研究、実験およびこれらを応用する鑑定・検査、少年の非行防止や犯罪の防止についての研究・実験などを行っています。

法医科

◀血痕や毛髪などからDNA型の鑑定を行い、犯人をしぼりこんだり、犯人でない人を捜査の対象から除外したりします。

化学科

▶現場に残された微物や薬物、有害物質の検査など、化学を応用した鑑定をして犯人の手がかりをつかみます。

第2章 警察の仕事大捜査

物理科

◀弾速検査によってけん銃の威力を検査したり、火災・爆発などの原因調査、交通事故の分析を行ったりします。

文書科

▶ニセ札かどうかを紙へい検査によって鑑定するほか、筆跡鑑定によって文書を書いた人を特定したりします。

心理科

◀ポリグラフ装置を使って心拍数や呼吸などを測定し、事件の内容を知っているかどうかを調べます。

もっと知りたい！追跡捜査ファイル No.10

取り調べのカツ丼は本当？

逮捕された容疑者は、留置場で食事をとる決まりになっています。したがって、テレビドラマのように、警察署の取り調べ室でカツ丼などの出前をとって容疑者に食事をさせることはありません。

くらしと交通の安全を守る

非行や交通事故を未然に防ぐ

　地域住民のくらしを守ることは、警察の重要な仕事です。地域課のおまわりさんもそうですが、警察署の生活安全課に所属する警察官も日々くらしを守るための活動を行っています。くわしくいうと、ひったくりなどの犯罪の防犯活動をはじめ、少年の非行防止や健全育成、ストーカー対策、行方不明者の発見活動などで、じつに広い範囲にわたっています。また、警察の仕事には、交通事故を未然に防ぐこともふくまれます。たとえば、車の多い交差点で交通整理をしたり、交通安全教室などを通じて交通ルールの指導をしたりして、交通事故が起こらないようにしています。これらの仕事は、警察署の中では交通課が担当しています。また、交通課では、スピードの出し過ぎや飲酒運転といった交通違反の取り締まり、暴走族対策、交通事故や事件の捜査も行っています。

交通安全教室
▲企業や小学校、自治会などを訪問し、交通安全教室を実施しています。

検問
▲検問によって、運転している人がお酒を飲んでいないかなどを確かめます。

補導活動
▲ゲームセンターなどを巡回し、少年の指導・補導を行います。

取り締まり
▲交通渋滞の原因や救急車の通行のさまたげとなる違法駐車を取り締まります。

第2章 警察の仕事大捜査

交通管制センターのしくみ

交通管制センターは、交通の流れを安全でスムーズなものにするため、①交通情報を集める、②交通の流れを分析して情報を提供する、③交通信号機をコントロールする、という3つの働きをしています。まず、車両感知器やテレビカメラ、パトカーなどからの交通情報が交通管制センターに集められます。そして、ハイテクを駆使した管制システムを活用して、道路交通に関する情報を収集・分析します。さらに、ドライバーに交通情報を提供する一方で、信号機と直結しているセンター内のコンピュータを使い、複雑に変化する交通量に応じて信号機をコントロールし、交通渋滞を解消しています。

①交通情報の収集
車両感知器　光学式車両感知器（光ビーコン）

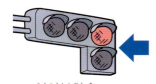
③信号機のコントロール
交通信号機

交通管制センター

②情報の提供
交通情報板

車載装置（ラジオ・カーナビ）

もっと知りたい！追跡捜査 ファイル No.11

自動車は左側、人は右側通行なのはなぜ？

日本で「車は左、人は右」となったのは、昭和24（1949）年。それまでは両方とも左側通行でしたが、交通安全のため「対面交通」が採用されました。車が左側の理由は、バスなどの乗降口や信号機などが左側通行用につくられていたためです。

要人やイベントの安全を守る

SPや警備の仕事

警察には、国にとって大切な立場にある人や、日本を訪れる外国の重要な人物を危険から守る、要人警護という役目もあります。とくに日本の首都である東京には、警護を必要とする要人が集中しているため、警視庁にだけSPとよばれる職種がもうけられています。SPは、警察の中でも重要な任務を負うことから、柔道や剣道、射撃などにすぐれた技術をもっている人でないとなれません。このような要人警護をになうSPは、警視庁の警備部に所属しています。そのほかの警備部の警察官は、大勢の人が集まるイベントでの混雑による事故を防ぐ雑踏警備をはじめ、デモ活動の整理などの治安警備、災害時における被災者の避難誘導なども行っています。また、警視庁以外の道府県警察にも同じように警備部があり、要人やイベントの安全を守る活動などをしています。

要人を守る

◀ たえず組織で動き、チーム一丸となって要人を守るSPは、厳しい訓練をおこたりません。

▶ 天皇陛下や皇后陛下、皇族の御身辺の安全を守る仕事をしています。

第2章 警察の仕事大捜査

イベントの安全を守る

◀ マラソン大会や駅伝競走では、白バイが先導・警備を行います。

▶ 川や海辺で開催される花火大会では、水陸両面から警備を行います。

◀ 初詣のように多くの人が集まるイベントも、雑踏警備の対象となります。

もっと知りたい！追跡捜査ファイル No.12

警察のシンボル「旭日章」の意味

旭日章は、もともとは明治時代の日本陸軍の帽章（帽子につけるマーク）として用いられていましたが、現在は日本の多くの国家機関のシンボルマークとして採用されています。「東天に昇る、かげりのない、朝日の清らかな光」を意味するといいます。

テロ・ゲリラ組織から人々を守る

近年増え続ける国際テロ

近年、国際テロ組織による事件が世界で相次いでいます。最近では、イスラム過激派組織の活動が活発になっており、日本人にも犠牲者が出ています。このような国際テロを防ぐためには、世界各国の連携・協力が必要なため、警察庁では国際会議などに積極的に参加したり、世界各国から関係者を招き、捜査技術に関するノウハウを提供しています。また、都道府県の警察でも、警備部公安課（警視庁は公安部）が中心となって過激派や右翼によるテロ、ゲリラを未然に防ぐ対策を実施しています。具体的には、さまざまな情報の収集や、違法行為に対する捜査活動などです。さらに近年は、インターネットを使ったテロ活動も増えてきています。こうしたサイバー攻撃に対しては、警察は民間の会社とも協力して、実態の解明に努めています。

テロにそなえる

▲テロ事件では、SATとよばれる特殊急襲部隊が出動することがあり、日ごろからハイジャック訓練などテロにそなえた訓練をしています。写真は、福島第二原子力発電所で行われた原発テロ対処訓練の様子。

第2章 警察の仕事大捜査

化学テロにそなえる

◀◀過去に起こった地下鉄サリン事件のような猛毒の化学物質を使ったテロを想定した対策訓練も行われています。

そのほかのテロ

▲爆弾テロにそなえて、爆発物を安全に処理する訓練も行われています。

▲サイバー犯罪を防止するため、警察は民間企業と情報共有や意見交換をしています。

もっと知りたい！追跡捜査ファイル No.13

警察官はかさをさしてはいけない？

雨が降っているとき、警察官は、かさをささずにレインコートを着ています。なぜなら、両手が使えなくなると仕事のさまたげとなってしまうため、原則的にかさをさしてはいけないと決められているからです。消防官や自衛官も同じです。

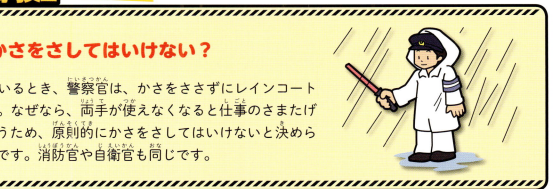

災害から人々を救う

災害にそなえる

　地震や台風の多い日本では、数多くの自然災害が発生しています。こうした自然災害が起こった場合、避難誘導や救助活動を行うのも警察の大切な役割です。都道府県警察では、水難救助隊、山岳警備隊、広域緊急援助隊などが編成されており、いつ起こるかわからない災害の発生にそなえた体制を整えています。このうち、広域緊急援助隊は、阪神・淡路大震災を機に大規模な災害に即応するためにつくられたエキスパートチームです。また、警視庁では、東日本大震災の教訓を踏まえて、平成24（2012）年に高度な救出救助技能をもった隊員を編成した特殊救助隊（SRT）を警備部災害対策課に設置しました。SRTは、首都圏の災害にそなえて日ごろから救出救助訓練を行い、実際に災害が発生した場合に災害救助活動にあたるだけでなく、平成26（2014）年8月の広島県土砂災害をはじめ、同年9月の御嶽山噴火災害など、遠くはなれた地域にも出動しています。

広域緊急援助隊

▲多くの登山者が犠牲となった御嶽山噴火災害。長野県警などの広域緊急援助隊による、懸命な救出救助活動が行われました。

第2章 警察の仕事大捜査

特殊救助隊（SRT）

◀高度な救出救助の技能をもった警視庁の専門部隊です。大規模災害発生時は、日本全国へ出動します。写真は、平成26（2014）年8月に広島で発生した土砂災害で活動する様子。

山岳警備隊

◀冬山での遭難など、山で起きた事故の際に活躍するスペシャリストです。

水難救助隊

◀川や海での事故の救助のほか、水中に捨てられた凶器などの証拠品の捜索などもします。

もっと知りたい！追跡捜査ファイル No.14

「パンダ」って警察用語なの？

パトカーは、パトロール・カーの頭文字から警察用語でPCといいますが、車の塗装が白と黒のツートンカラーをしていて動物のパンダに似ているため、パンダとよばれることもあります。

警察官の服装徹底捜査

さまざまな服装と身の回りの持ち物

交番に勤務するおまわりさんや交通の取り締まりをするおまわりさんを見かけたことがあるでしょう。このようなおまわりさんは制服を着ています。なぜなら、町の中で仕事をする場合に一目で警察官とわかるようにするためです。また、全国の警察官が同じ制服を着ているのは、都道府県によって制服がちがうと、まぎらわしいからです。警察官の服装には、背広タイプの基本的な制服のほか、活動服や作業服とよばれるものがあります。

また、警察官はさまざまな持ち物を携帯して仕事をしています。警察手帳をはじめ、警笛、警棒、けん銃、無線機など、どれも犯人をつかまえるために大切なものばかりです。警察官の持ち物は、法律で決められており、全国の警察官はみんな同じものを持っています。

男性の警察官

警察手帳
写真がはってあり、捜査のときに相手に示して警察官であることを証明します。

警笛
交通違反をした車に注意したり、車を停止させたりするときに使います。

警棒
犯人をつかまえたり、自分自身や住民などの身を守ったりするために使います。

季節に合わせて夏服・冬服・合服に衣替えをします。

手じょう
犯人を逮捕する際に、にげたり、暴れたりしないようにするために使います。

けん銃
殺人犯など凶悪な犯人の逮捕、警察官本人や国民の身を守るために使います。

無線機
事件が発生したときに、警察署やパトカー、ほかの警察官との連絡に使います。

もっと知りたい！**追跡捜査**ファイル No.15

第2章 警察の仕事大捜査

鉄道警察隊

都道府県警察には、沖縄県以外は鉄道警察隊がもうけられています。駅などの鉄道施設内のパトロールのほか、列車に乗車してチカンや盗撮、スリなどの犯罪予防、踏切での事故防止活動などを行っています。

女性の警察官

スカートのほか、ズボンを着用することもあります。

活動服

上着のたけが短く、動きやすい活動服を着ることもあります。

広域緊急援助隊

災害現場で活動しやすく、よく目立つデザインの活動服を着ています。

機動隊装備など

たてやヘルメットを装備し、警備にあたります。

警察官の服装徹底捜査

白バイ乗車服・冬服

寒いため、冬の季節には革の防寒着を着ることもあります。

白バイ乗車服・合服

合服は、青のライダースジャケットに乗車靴を着用します。

白バイ乗車服・夏服

6月から9月に着用する夏服は、水色のものとなっています。

第2章 警察の仕事大捜査

★ 特殊服（鑑識活動）

鑑識活動に適した作業着のような特殊服を着ています。

★ 音楽隊 演奏服

音楽隊の活動時は、肩章や飾緒（飾りひも）がついた演奏服を着用します。

★ 音楽隊（カラーガード隊）演技用礼服（冬）

パレードなどで演技するための服は、華やかな色合いのものとなっています。

もっと知りたい！追跡捜査ファイル No.16

あずき色の赤バイ

警察用のオートバイは、むかしはあずき色をしていました。赤バイが登場した当時は、赤い色の車が少なく、目立つ色として赤色が採用されたのです。ところが、しだいに赤色の車が増えたため、白バイに変わりました。

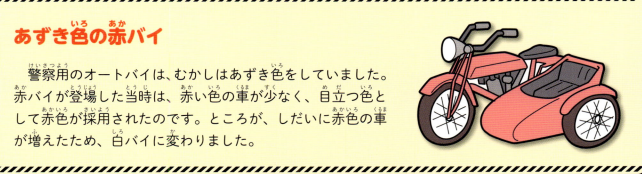

警察の乗り物大捜査

さまざまな警察車両

警察が使用している乗り物で、よく知られているのはパトカーや白バイでしょう。パトカーや白バイは、町をパトロールし、犯人をつかまえたり、交通違反を取り締まったりするのに使われています。白バイは、マラソン大会の先導にも使われ、最近は女性の白バイ隊員も活躍しています。そのほか、高圧放水車やレスキュー車など、警察の行う仕事の内容に合わせ、いろいろな形や特別な装置をつけためずらしい車もあります。こうした車以外に、警察はヘリコプターや警備艇といった乗り物も使用しています。ヘリコプターは、空からパトロールしたり、犯人を追跡したり、災害が発生したときに被災者を救助したりするなど、いろいろな分野で活躍しています。また、警備艇は、沿岸の警察署に配備されており、水上のパトロールや麻薬・覚せい剤・けん銃などの取り締まり、水難事故防止などの活動のために使われています。

パトカー

◀町をパトロールし、犯人をつかまえたり、交通違反を取り締まったりするために使われます。110番通報があれば、事件・事故の現場に急行します。

もっと知りたい！追跡捜査ファイル No.17

第2章　警察の仕事大捜査

白バイが白い理由

白バイが誕生したのは昭和11（1936）年のことです。それまで警察は赤色のオートバイで交通取り締まりをしていました。しかし、パトカーと同じように親しみやすさ、スマートさ、目立つ色という理由で白色に統一されました。

覆面パトカー

▲交通機動隊員が交通違反者を取り締まるときや、捜査部門が犯罪捜査などをするために使います。外観はふつうの車ですが、緊急時には赤色灯を点灯します。

白バイ

◀パトロールや交通違反、暴走族の取り締まりのほか、外国要人の警備、マラソン大会の先導などいろいろな仕事をしています。

警備艇

▶水上パトロールをして、水難事故の防止、麻薬やけん銃、不法入国者などの取り締まりを行います。

警察の乗り物大捜査

ヘリコプター

◀空からパトロールをしたり、水難事故にあった人の捜索や救助にあたったりします。また、車で逃走する犯人の追跡もします。

高圧放水車

▶高圧放水銃を搭載し、主に暴徒化した集団などに放水して、鎮圧を図ります。最近では、原子力発電所の事故の際にも活躍しました。

特型警備車

◀機動隊などに配備される装甲車で、銃器を用いた凶悪犯罪や重大事件、テロ対策などのために使われます。

もっと知りたい！追跡捜査ファイル No.18

警察にはなぜ隠語が多いの？

事件のことを「ヤマ」といったり、犯人のことを「ホシ」といったり、警察には隠語（業界特有の言葉）が少なくありません。それは、情報がもれるのを防ぐためです。隠語であれば、警察官以外の人が聞いてもわからないからです。

第2章 警察の仕事大捜査

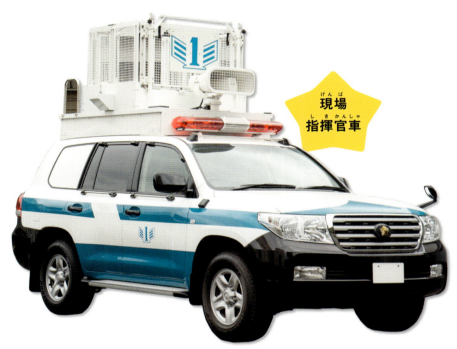

現場指揮官車

◀花火大会などの警備の際に、屋根についている指揮台に警察官が乗って、マイクを使って注意やお願いをします。

大型輸送車

▲出動の際に、多くの機動隊員や警察官を現場まで輸送するために使われます。

41

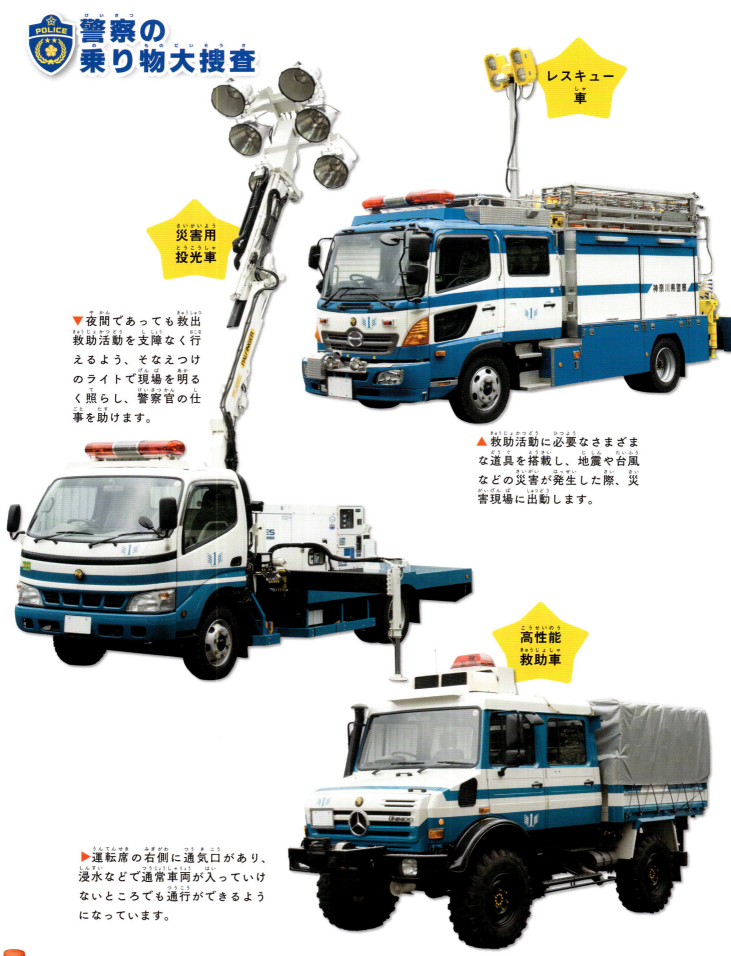

第2章 警察の仕事大捜査

爆発物処理車

▼車両後部中ほどのドラム缶のようなところに爆発物を入れて、爆破処理してもよい場所に運びます。

NBC対策車

▶放射能の測定や毒ガスの検知ができる機械などをそなえており、核・生物・化学兵器を使った犯罪が起こった際に出動します。

もっと知りたい！追跡捜査ファイル No.19

パトカーや白バイのランプが赤いのはなぜ？

パトカーや白バイについているランプには、周囲の人に「緊急」であることを知らせる役割があります。そのため、よく目立ち、遠くからでも見えやすい赤色となったのです。

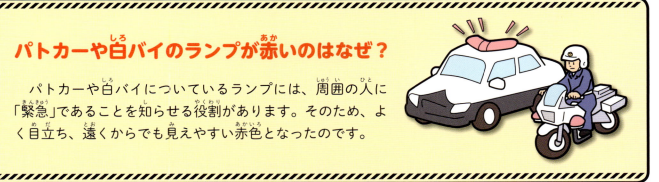

ぼくらも警察の一員！警察犬

警察で活躍している動物

　犬は、人間の数千倍以上ものするどい嗅覚をもっているといわれます。においをかぎ分ける能力が抜群なうえ、警戒力にすぐれていることから、警察の仕事を助けている犬も少なくありません。このような犬のことを警察犬といいます。警察犬の仕事は、犯罪現場に残されたにおいによって犯人を追跡したり、現場に残された手がかりを発見したりするほか、麻薬や行方不明者の捜索などを行うことです。また、警察では、地震などの災害で行方不明になっている人を捜索するために、特別に訓練された災害救助犬の助けをかりることもあります。犬だけでなく、馬も交通整理や交通安全の行事などで活躍しています。たとえば、京都府警察の平安騎馬隊の馬は、子どもの安全を守る活動の一環として、京都府内の小学校の通学路で下校時間帯を中心に騎馬パトロールをしています。

災害救助犬

◀警察犬とちがい、捜す人のにおいがわからなくても、空中にただようにおいのもとをたどって行方不明者を自分の力で捜索します。

騎馬隊

▶警視庁と皇宮警察本部、京都府警察の3つにもうけられています。騎馬隊の活動でもっとも多いのは、交通安全に関わる活動です。

警察犬の仕事

大正元(1912)年、警視庁がコリーとレトリバーの2頭を警察犬として採用したのが日本の警察犬のはじまりです。当時は、犯罪捜査ではなく、防犯広報活動が目的でした。その後、鑑識の仕事を手伝う現在のような警察犬制度が昭和31（1956）年にできました。警察犬の仕事は、主に5種類に分けられます。においから犯人を追跡する「足跡追及活動」、犯人の残した手がかりと容疑者のにおいが同じか特定する「臭気選別活動」、麻薬や爆発物、行方不明者などを捜す「捜索活動」、逮捕の際に犯人がにげないように見張る「逮捕活動」、要人を守ったり、重要な施設の見回りをしたりする「警戒活動」です。なお、警察犬は生後6か月から服従訓練をはじめ、足跡追及・臭気選別・警戒訓練などの厳しい訓練をします。

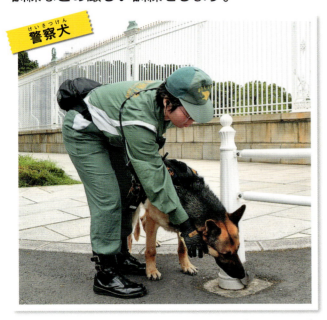

▲警察が飼育・訓練している「直轄警察犬」と、一般の人たちが飼育・訓練し、審査に合格した「嘱託警察犬」の2つがあります。

警察犬の種類

警察犬としての能力をそなえた犬の種類は数種類しかなく、日本警察犬協会では、ドーベルマン、コリーなど7種類を指定しています。

もっと知りたい！追跡捜査ファイル No.20

引退後の警察犬

だいたい10才ぐらいで引退します。直轄警察犬の場合、訓練所で過ごしたり、一般家庭に引き取られたりします。警察犬の9割を占める嘱託警察犬の場合は、そのまま飼い主のもとで余生を過ごすことになります。

なりたい！警察官

警察官になるには

都道府県単位で行っている警察官採用試験（警察庁の警察官は国家公務員試験）を受験し、合格しなければ警察官にはなれません。試験を受けるには、年齢、そのほかの受験資格を満たしていることが必要で、身長や体重などの身体的な基準ももうけられています。試験には、第1次試験と第2次試験があります。都道府県警察によって少しちがいがありますが、第1次試験では警察官として必要な一般教養・知識が問われる教養試験や論文試験などが行われ、第2次試験では、面接試験や仕事に必要な体力があるかを調べる体力検査も行われます。また、柔道や剣道、スポーツなどのすぐれた経歴、語学や簿記の資格をもっていれば、試験の成績に加えられるところもあります。採用試験に合格して採用が決まれば、必ず各都道府県にある警察学校に入学することになります。

▲警察学校の授業には、学校のように教室で席に着いて教官の講義を聞く「座学」や、技術を身につける「訓練」があります。

警察学校の1日

　警察学校では、警察官として必要な基本的な知識や技能を学びます。全員が寮で生活し、大学卒業者は6か月、短大卒や高校卒などは10か月、規則正しい生活を送ることになります。各都道府県の学校によって時間は異なりますが、朝6時15分の起床から始まり、1日4～5時限の授業のほか、課外時間にはクラブ活動も行われ、消灯の午後11時まで、分刻みの忙しいスケジュールとなっています。授業科目は、警察官として必要な法律を学ぶ「法学」、捜査・交通などの実務知識と技能を学ぶ「警察実務」、体力や武術などを身につける「術科」などのほか、警察官としての集団行動・行進を訓練する「教練」などがあります。

1日のスケジュール

起床 — 点呼 — 朝礼 — 午前の授業開始 — 昼食

毎日の点呼で警察官としての志気を高め、すがすがしい1日をむかえます。

法学や警察実務では、現場に出たときに必要な法律や実務についての知識を学びます。

術科では、柔剣道などを学びます。一から学ぶため、未経験者でも不安なく取り組めます。

午後の授業 — 夕食・入浴・自由時間 — 点呼 — 消灯

教練は厳しい訓練ですが、やりとげたあとには充実感を得ることができます。

自由時間は、予習復習や体力づくり、同期生とのコミュニケーションなどで過ごします。

もっと知りたい！追跡捜査ファイル No.21

「日本警察の父」川路利良

　明治時代、現在の警察制度の基礎をつくった川路利良は、「日本警察の父」といわれています。彼の言葉をまとめた「警察手眼」は、警察の運営・活動の指針として今日も警察官に広く読みつがれています。

音楽を通じた心のふれあい

　警察音楽隊は、国民と警察をむすぶ「音のかけ橋」として都道府県警察にもうけられています。皇宮警察本部の音楽隊をふくめると、全国で48隊の警察音楽隊があり、防犯運動や交通安全運動などの行事、小学校で開催される防犯・交通安全教室、福祉施設への慰問演奏など、各地で演奏活動を行っています。こうした音楽を通じた市民とのふれあいも警察の大切な仕事なのです。また、音楽隊のほとんどには女性によるカラーガード隊があります。警察音楽隊とともに活動しながら、フラッグやポンポンなどを使った躍動感あふれる演技をするなど、視覚にうったえる広報活動を行い、多くの市民から親しまれています。なお、警察音楽隊やカラーガード隊の隊員は、都道府県警察によってちがいますが、警察官の場合が多いものの、一般職員がなれるところもあります。

▲警視庁音楽隊は、大きな劇場でのグランドコンサートのほか、日比谷公園小音楽堂で「水曜コンサート」を開催しており、昼の憩いのコンサートとして多くの人に親しまれています。写真は、「第17回世界のお巡りさんコンサート」の様子（平成24〈2012〉年10月30日、すみだトリフォニーホール〈大ホール〉）。

第3章

こんなとき、どうする！？
いろいろな犯罪と防犯

家にどろぼうが入ったらこうする！

　家への侵入によるどろぼうの被害は、1年間に5万件近く発生しています。圧倒的に多いのは、窓ガラスを破ったり、かぎのかかっていない縁側やベランダの窓などから侵入したりするという手口です。また、どろぼうが活動する時間帯としてもっとも多いのは、深夜の2時から4時です。したがって、外出するときはもちろん、寝る前にもきちんと戸締りしておくことが大切です。

　もし、どろぼうに入られたら、すぐに110番をかけるか、近くの交番に知らせてください。連絡を受けた警察署や交番から、ただちに警察官が事件の現場にかけつけ、犯人をつかまえるための活動を開始します。みなさんは、見たことや知っていることを警察官に話してください。また、事件の現場には、犯人が残していったいろいろなものがありますから、手をふれたり、歩き回ったりしないようにしましょう。

第3章　こんなとき、どうする！？　いろいろな犯罪と防犯

友だちに「万引きしよう」とさそわれたら

万引きは犯罪！

　お金をはらわずにコンビニやスーパーなどの店の商品をこっそり持ち出す「万引き」は、窃盗罪という犯罪にあたります。友だちにさそわれたとしても、絶対にやってはいけません。そんなときは友だちに、いけないことだからやめておくように言いましょう。店の人や警備員に万引きが見つかってから品物を返したり、お金をはらったりしても、ぬすんだことに変わりはありません。万引きをしていることが見つかった場合、警察に連れていかれることもあります。また、友だちにたのまれて、断りきれず万引きの見張りをしてしまったり、万引きをそそのかしたりするのもよくないことです。

　警察が確認した万引きの件数は、1年間におよそ14万件前後にのぼっており、警察では店や商店会、学校、少年補導員などと協力して、万引きを許さない社会づくりに取り組んでいます。

見て見ぬふりはしない！

　友だちをなぐったり、けったりする暴力はいけないことですが、特定の人をみんなで無視したり、その人のノートや机に落書きをしたり、悪口を言ったりすることも、「いじめ」といって、してはいけないことです。学校のクラスでいじめを見たら、みなさんはどうしますか。自分がいじめられたら、いやな気持ちになるでしょう。最初は単なるいたずらだとしても、それがエスカレートして暴力になることもあります。

　いじめを見たら見て見ぬふりはせず、勇気を出して注意することが大切です。その場で注意することができない場合は、あとで親や先生に相談しましょう。また、都道府県警察の少年相談窓口や警察署などでも、いじめの相談を受け付けています。

第3章 こんなとき、どうする！？ いろいろな犯罪と防犯

インターネットに友だちの悪口を書く

侮辱罪などの犯罪になる！

　他人のパスワードを無断で使ったり、コンピュータウイルスをばらまいたりなど、インターネットを使った犯罪にはさまざまな種類があります。ところで、みなさんはインターネットの掲示板に友だちの悪口を書きこむと犯罪になることを知っていますか。悪口や、うそやでたらめをいうことを「誹謗中傷」といいますが、そうした行為は名誉毀損罪や侮辱罪になることがあるからです。

　とくにネットへの書きこみは、たくさんの人の目にふれるため、被害が大きくなります。警察が犯罪として捜査をすれば、書きこんだ人を特定することができます。しかし、犯罪になるかどうかにかかわらず、書きこむ前には、「自分がされたらいやではないか」など、自分のことに置き換えて考えてみましょう。

大人のようにお酒を飲みたい、たばこをすってみたい

お酒、たばこは20歳からの理由

　子どもがお酒を飲んだり、たばこをすったりすることは、未成年者飲酒禁止法および未成年者喫煙禁止法という法律によって禁止されています。法律に違反した場合は、お酒やたばこを販売した人が罰せられることになります。こうした行為が20歳未満の未成年に禁じられているのは、大人になりきっていない子どもには健康や成長に悪い影響があるためです。また、くり返すうちに薬物への抵抗感や罪悪感が低下して、薬物乱用や、ほかの非行へと踏みこんでしまう危険性が高くなることも指摘されています。さらに、飲酒では、短期間でアルコール依存症になったり、急性アルコール中毒によって死亡したりするケースも起きています。そのため、現在、年齢確認をするなどして、お酒やたばこは未成年者が自動販売機や店で買うことができないしくみがつくられています。警察でも、未成年者の飲酒喫煙を防止する取り組みを全国的に進めています。

第3章 こんなとき、どうする！？ いろいろな犯罪と防犯

オレオレ詐欺って何？

さまざまな手口がある

　電話をかけるなどして、直接顔を合わせることなく人をだまし、指定した銀行などの口座にお金をふりこませるといった方法でお金をだまし取る犯罪があとを絶ちません。このような犯罪を「ふりこめ詐欺」といいますが、なかでももっとも多いのは、子や孫などになりすまし、会社でのトラブルなどを理由にお金をだまし取る「オレオレ詐欺」です。子や孫を心配する気持ちにつけこむオレオレ詐欺には、重要なものが入っていたかばんなどの紛失、会社などのお金の使いこみ、借金の保証人などを装うなどさまざまな手口があります。もし、オレオレ詐欺のような電話がかかってきたら、本人やその家族、関係者と連絡をとって、本当のことかどうか確認することが大切です。そのような事実を確認できないときは、お金をふりこまないようにしましょう。また、警察庁や都道府県警察では、銀行などの金融機関と協力して、ふりこめ詐欺の被害防止に取り組んでいます。

おそろしい薬物

薬物を使って起こること

　本来、病気の治療に使用する医薬品を医療の目的以外で使用したり、医薬品でない薬物を不正に使用することを「薬物乱用」といいます。薬物乱用は、体や精神に大きな悪影響をおよぼします。たとえば、脳の神経細胞がおかされ、幻覚や妄想などの精神障害が起こったり、視神経に異常を引き起こして視力低下や失明を招いたりします。そのほか、心臓や肺、胃、腎臓、肝臓などの臓器にも深刻な影響をあたえます。何よりおそろしいのは、何回もくり返して使用したくなる依存性があることです。また、くり返し使用しているうちに「耐性」が生じて効果がうすれるため、さらに量や回数が増えてしまい、しだいに体と精神がむしばまれてしまうのです。場合によっては死亡することがあるほか、薬物乱用による幻覚や妄想が、殺人などの凶悪な犯罪や交通事故を引き起こすこともあります。このような危険性があることから、薬物の使用・所持は法律により厳しく禁止され、警察でも取り締まりや薬物乱用防止活動を熱心に行っています。

主な薬物の種類

薬物乱用は、集中力を高めたい、ダイエットしたいなどというささいなことからはじまる場合が多いようです。しかし、1回くらいならだいじょうぶと思っていても、薬物の依存性と耐性によって悪循環におちいり、自分ではコントロールできなくなってしまうことが少なくありません。乱用される薬物には、覚せい剤や大麻、MDMA、アヘン、コカイン、ヘロインなど、さまざまな種類があります。塗料をうすめるために使われるシンナーや、精神病の治療に使われる向精神薬なども、こうした危険な薬物にあたります。日本では、「麻薬及び向精神薬取締法」「覚せい剤取締法」「大麻取締法」「あへん法」という法律で、薬物を厳しく規制しています。また最近では、「脱法ハーブ」「お香」「アロマ」などといった名前で大麻や覚せい剤などと同じ成分がふくまれている商品が販売されているので、とくに注意が必要です。

覚せい剤

疲労感がなくなる反面、効果が切れると脱力感におそわれ、幻覚や妄想が現れます。

大麻
視覚や聴覚などの感覚が過敏になり、幻覚や妄想が現れ、精神錯乱を引き起こします。

MDMA

錠剤の形で密売され、使用し続けると錯乱状態になったり、記憶障害の症状が現れたりします。

アヘン

ケシから採取した液を固めたもので、乱用すると精神錯乱をともなう衰弱状態に至ります。

コカイン

眠気や疲労感がなくなったりする反面、乱用すると幻覚などの症状が現れます。

ヘロイン

強い陶酔感があるため依存性が高く、乱用により激しい禁断症状に見舞われます。

もっと知りたい！追跡捜査ファイル No.23

脱法ハーブ

乾燥植物に、大麻に似た作用をもつ薬物を混ぜこんでつくったものです。法律で規制されていないとはいえ、大麻などの規制薬物よりも毒性が高い可能性があります。そのため、麻薬や覚せい剤と同様に大変危険です。

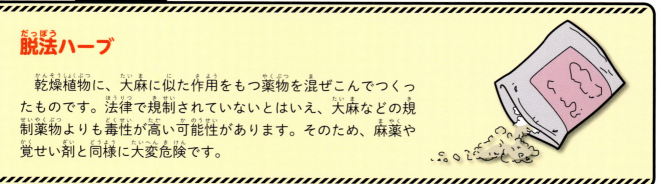

警察官の格好をして町を歩くと逮捕される？

刑事は別として、警察官が仕事をしているときには制服を着ています。警察官以外の人が、警察の制服を着て町を歩いていると、周囲にいるほかの人たちからは本物の警察官だと思われてしまいます。このように警察官と見間違いをさせる行為は、犯罪にあたる可能性があります。軽犯罪法には、警察官や消防官など法令によって定められた資格にもとづき、それに対応した制服などがある場合、そうした制服を模倣してつくった衣装を着用した者を罰するという内容があり、それに該当するというわけです。こうした法律があるのは、警察官の制服に対する一般の人たちからの信頼があり、それを損なってはならないという考え方があるからです。実際に、過去には警察官の格好をした人が軽犯罪法違反などの罪で逮捕されたこともあります。

さくいん

あ行

- 赤バイ …… 37
- アヘン …… 57
- アヘン法 …… 57
- いじめ …… 52
- 隠語 …… 41
- インターネット …… 53
- インターポール …… 15
- SP …… 28
- NBC対策車 …… 43
- MDMA …… 57
- 大型輸送車 …… 41
- 岡っ引き …… 6
- お酒 …… 54
- おまわりさん …… 18, 19
- オレオレ詐欺 …… 55
- 音楽隊演奏服 …… 37
- 音楽隊（カラーガード隊）演技用礼服 …… 37

か行

- 会議室 …… 10
- 階級制度 …… 9
- 科学警察研究所 …… 24
- 科学捜査研究所 …… 24
- 化学テロ …… 31
- 覚せい剤 …… 57
- 覚せい剤取締法 …… 57
- ガサ（ガサ入れ）…… 23
- 活動服 …… 34, 35
- カラーガード隊 …… 37, 48

項目	ページ
川路利良（かわじとしよし）	7, 47
鑑識（かんしき）	22, 23, 37
機動隊（きどうたい）	35, 40
騎馬隊（きばたい）	44
キャリア組（ぐみ）	11
旭日章（きょくじつしょう）	29
警察音楽隊（けいさつおんがくたい）	37, 48
警察学校（けいさつがっこう）	46, 47
警察犬（けいさつけん）	44, 45
警察手眼（けいさつしゅげん）	47
警察署（けいさつしょ）	10
警察庁（けいさつちょう）	8
警察手帳（けいさつてちょう）	34
警視（けいし）	9
刑事（けいじ）	20, 21
警視監（けいしかん）	9
警視正（けいしせい）	9
警視総監（けいしそうかん）	7, 9
警視庁（けいしちょう）	8
警視長（けいしちょう）	9
警笛（けいてき）	34
軽犯罪法（けいはんざいほう）	58
警備艇（けいびてい）	38, 39
警部（けいぶ）	9
警部補（けいぶほ）	9
警棒（けいぼう）	34
検非違使（けびいし）	6
検察官（けんさつかん）	9
けん銃（じゅう）	34
現場指揮官車（げんばしきかんしゃ）	41

検問	26
高圧放水車	38, 40
広域緊急援助隊	32, 35
向精神薬	57
高性能救助車	42
交通安全教室	26
交通管制センター	27
交番	18, 19
交番システム	14
コカイン	57
国際テロ組織	30

さ行

災害救助犬	44
災害用投光車	42
SAT（特殊急襲部隊）	30
雑踏警備	28, 29
山岳警備隊	32, 33
巡回	18, 19
巡査	9
巡査部長	9
嘱託警察犬	45
食堂	10
署長室	11
白バイ	38, 39
白バイ乗車服	36
新警察法	7
水難救助隊	32, 33

た行

大警視	7
耐性	56, 57

語	ページ
大麻	57
大麻取締法	57
対面交通	27
タイヤ痕	23
脱法ハーブ	57
たばこ	54
治安警備	28
地下鉄サリン事件	31
駐在所	19
直轄警察犬	45
通信指令センター	12, 13
デカ	21
手じょう	34
鉄道警察隊	35
テロ	30, 31
道場	11
同心	6
遠山の金さん	7
特型警備車	40
特殊救助隊（SRT）	32, 33
特殊服	37
都道府県警察	8
塗膜片	23
取り調べ室	11
どろぼう	50
屯所	7

は行

語	ページ
爆発物処理車	43
パトカー（パトロール・カー）	16, 33, 38
パンダ	33

避難誘導 …… 28
誹謗中傷 …… 53
110番通報 …… 12, 13, 38, 50
110番の日 …… 13
覆面パトカー …… 39
侮辱罪 …… 53
ふりこめ詐欺 …… 55
平安騎馬隊 …… 44
ヘリコプター …… 38, 40
ヘロイン …… 57
ホシ …… 41
補導 …… 26

ま行

町奉行 …… 6, 7
麻薬及び向精神薬取締法 …… 57
万引き …… 51
未成年者飲酒禁止法 …… 54
未成年者喫煙禁止法 …… 54
無線機 …… 34
名誉毀損罪 …… 53

や行

薬物 …… 56, 57
薬物乱用 …… 56, 57
ヤマ …… 41
与力 …… 6

ら行

ら卒 …… 7
留置場 …… 11
レスキュー車 …… 38, 42

監修 ★ 倉科孝靖 くらしな・たかやす

東京都生まれ。1969年警視庁刑事を拝命、1973年第二機動隊（水難救助隊潜水士）、1977年刑事部配属以降、鑑識課では現場主任、検視官、機動捜査隊副隊長、隊長を歴任。捜査一課管理官、理事官、科学捜査研究所所長、警察大学校主任教授を経て三鷹署長、渋谷署長を歴任し2004年9月勇退（階級：警視長）。その後、2011年より警察ドラマや映画の監修・指導を多数担当。現在も活躍中。

文 ★ 山田一郎

イラスト ★ 荒賀賢二

編集・デザイン ★ ジーグレイプ株式会社

写真協力 ★ 警視庁（p.13、p.16、p.18、p.20右、p.22、p.26上段右、下段右、p.27、p.28上、p.31、p.33下段左右、p.39下、p.40上、中、p.44下、p.45左、p.46、p.48）、千葉県警察（p.20左、p.29中、下、p.40下、p.43下）、高知県警察（p.24-25）、兵庫県警察（p.26下段左、p.28下、p.29上、p.34-35、p.36-37、p.47）、長野県警察（p.32）、神奈川県警察／木藤富士夫撮影（p.38、p.39上、中、p.41-43上）、警察庁（p.14）、登米市（p.26上段左）、日本警察犬協会（p.45右、警察犬の種類）、朝日新聞社（p.30、p.33）、時事通信社（p.44）

参考文献一覧 ★『平成27年版警察白書』（警察庁）2015年、『安全を守る仕事②警察』国土社編集部編（国土社）2010年、『くらしをまもる・くらしをささえる⑧警察署と交番』財部智文・夏目洋一郎絵（岩崎書店）1998年、『新・みぢかなくらしと地方行政⑥警察署』松田博康監修・滝沢美絵著（リブリオ出版）2007年、『警察のすべて』別冊宝島編集部編（宝島社）2015年、『元警察署長が教えるお巡りさんの上手な使い方』石橋吾朗著（双葉社）2016年、『「大警視川路利良聖地巡礼」ガイドブック』松井幹郎著（非売品）2009年、警察庁・警視庁・各道府県警察および厚生労働省等の刊行物およびホームページ

2016年9月5日　第1版第1刷発行
2020年7月30日　第1版第3刷発行
監修者　倉科孝靖
発行者　後藤淳一
発行所　株式会社PHP研究所
　　　　東京本部　〒135-8137　江東区豊洲5-6-52
　　　　　児童書出版部　☎ 03-3520-9635（編集）
　　　　　普及部　☎ 03-3520-9630（販売）
　　　　京都本部　〒601-8411　京都市南区西九条北ノ内町11
　　　　PHP INTERFACE　https://www.php.co.jp/
印刷所
製本所　図書印刷株式会社
©g.Grape Co.,Ltd. 2016 Printed in Japan　　ISBN978-4-569-78585-1

※本書の無断複製（コピー・スキャン・デジタル化等）は著作権法で認められた場合を除き、禁じられています。また、本書を代行業者等に依頼してスキャンやデジタル化することは、いかなる場合でも認められておりません。

※落丁・乱丁本の場合は弊社制作管理部（☎03-3520-9626）へご連絡下さい。送料弊社負担にてお取り替えいたします。

63P　29cm　NDC317